Reconnaissance

Recueil de poèmes

Mireille Dimigou Medali

Reconnaissance

Mireille Dimigou Medali

Solara Editions

A *Mireille Dimigou Medali*

Solara Editions

New York, Paris, Cotonou

ISBN 978-1-947838-10-9

Impression : Carolines du Nord (Etats Unis)

Couverture: Ekaterina Kazeykina (Russie)

POUR TOUTE COMMUNICATION :

Courriel : mdimigou@gmail.com

A mon époux Dallys et mon fils Andrew

SOMMAIRE

Prologue..13

Mes anges gardiens *15*

Miraldo 17

Dans mes bras....................................19

Quand l'enfant grandit......................20

Notre trésor.......................................21

Mon fils..22

Il y a des fois.....................................23

Folle nuit..25

Eloge à mon époux...........................26

Amour brûlant...................................27

Un jeune génie 28

Mon génie..29

Reconnaissance *31*

Grand-mère 33

Solso 35

Mère 36

Feu Viogbo.......................................37

Belle-mère..39

Beau-père...40

Arnaud..41

Paupo...42

Papa Soli...43

Macha..44

Tanti Sylvine.....................................45

Méode 46

Fado...47

Tonton 48

Mano..49

Maman Diane.....................................50

Chinan...51

Alain...52

Maman Alain.....................................53

Tanti Youlia..................................54

Fofo Fulbert..................................55

Marina..56

Olga..57

Lionel..58

Diane...59.

Lauren..60

Landry..61

Pensées.....................................**63**

Mal au fond de moi............................65

L'été à New York..............................66

La marche dans la foret 68

Les pieds dans le bol de lait.................72

Une journée à la Datcha.......................73

Le pouvoir de la langue.......................74

La femme......................................76

Prologue

Le 9 Juillet 1986 à Léningrad, vint au monde une petite fille. Elle était métisse, de père béninois et de mère russe. Sa grand-mère maternelle en venant la voir à la maternité, après sa naissance l'observa discrètement. La petite la regarda avec de gros yeux qui l'hypnotisèrent et la fit devenir sa petite fille bien aimée. Son père qui préparait un voyage de vacances pour son pays natal passa à la maternité et laissa à sa maman un bout de papier. Ce papier notifiait qu'il reconnaissait l'enfant et qu'il lui donnait le prénom de Mireille, prénom qu'il avait retenu de la proposition de son ami gynécologue qui intervenait dans la maternité où la petite Mireille est née.

En effet, les parents de Mireille s'étaient rencontrés à l'Université Sportive LESGAFT de Leningrad en 1976. Le père de Mireille avait ardemment fait la cour à sa mère. Celle-ci avait alors 18ans. Elle participait aux compétitions locales et régionales d'aviron et était parmi les meilleures. Le père de Mireille était son premier homme. Mais il ne le lui avoua pas lorsqu'ils commencèrent leur relation amoureuse qu'il était lié à une femme au pays et avait des enfants. Elle ne l'apprit que bien plus tard.

Depuis toute jeune j'ai toujours voulu écrire des livres. J'avais l'inspiration mais je ne me sentais pas encore prête à faire un long bouquin. Dans ma tête, les idées affluaient. Mais je réfléchissais beaucoup trop et je remplissais à peine quelques pages et puis l'inspiration m'abandonnait. Je suis certaine que si je finalisais ce travail c'est que j'ai franchi un grand pas dans mon petit bout de chemin d'écrivain.

MES ANGES GARDIENS

Miraldo

Tu as un très beau prénom,
Qui correspond aux 3 premières lettres du prénom,
De ta chère maman,
Auquel s'ajoute Aldo,
Signifiant en Latin Sagesse.

Ton grand père David,
T'avais donné avec tendresse.
Ton cher papa a voulu qu'on t'appelle Son Altesse.
Et t'a octroyé le nom de Zeus,
Le dieu des dieux de la Grèce.

Tes deux mémés, celle de Russie et celle du Bénin
Adorent t'appeler Aldo un pseudo qui te rend beau.
A ta naissance ton oncle Altier,
T'a écrite une belle chanson,
Que nous te chanterons à l'unisson.

Tes oncles Fado et Mano,

T'aiment aussi énormément.

Sans oublier ta tante Soli,

Landry, Lionel et Lauren.

Tes grands-parents rajeunissent en te voyant.

Ton géniteur n'a pas fait les choses à moitié,

Il t'a donné le prénom Andrew ou André,

Le prénom de tes deux arrières pépés,

MEDALI et TOKPO.

Tu nous donnes la joie et le bonheur,

Lorsque le matin tu te réveilles de bonne heure,

Nous sommes fiers d'être parents d'un petit garçon,

Don du père céleste à notre monde terrestre.

Dans mes bras

Quand dort dans mes bras ce petit ange,

Je me sens la plus heureuse des femmes,

Une mère comblée.

Parce que mon fils grandit

Dans la joie, l'amour et la paix.

Une épouse comblée,

Qui avec sourire et amour,

Veut prendre soin de sa famille.

Avec son cher et tendre mari.

Nous nous donnons corps et âme,

Pour assurer le bonheur de cette famille.

Que le Seigneur nous a confié.

Seigneur, daigne nous garder,

Dans ta miséricorde,

Ton amour et ta parole.

Quand l'enfant grandit

Au fur et à mesure que le bébé grandit,

On pense qu'il est indépendant,

Et qu'il n'a plus besoin de l'aide de ses parents.

Mais ce n'est pas uniquement lorsqu'il pleure,

Qu'il a besoin qu'on s'occupe de lui,

Le jour ou la nuit,

Il a besoin qu'on le suive,

Dans ses faits et gestes,

Qu'on réponde à ses gazouillis,

Qu'on réponde en majorité Oui,

Et qu'on stimule son ouïe.

Il est prêt à faire sortir des sons,

Plus audibles et même quelques chansons,

Dès que ses dents sortiront.

Alors on doit être là pour soutenir,

Notre fruit de l'amour,

A gravir les marches de la connaissance,

Pour lesquelles, il sera plus tard,

Plein de reconnaissance.

Notre trésor

Tu as un très beau sourire,
Ce qui fait sourire en retour,
Celui qui te regarde,
Et s'ils sont nombreux, ils se mettent à rire.

Dès que tu commenceras à mûrir,
Gardes toujours cette candeur d'enfant,
Et ce sourire endiablant.
Ton père et moi sommes fiers de toi.

Puisqu'on qu'on t'attendait avec une réelle foi.
Tu te faisais remarquer chaque fois,
Que Tom parlait à mes côtés.
En donnant de petits coups de pieds dans mon sein.

Aujourd'hui lorsque tu prends le sein,
Tu aimes te gratter le cuir chevelu,
Avec ta main droite, donnant,
Naissance à une relation plus étroite.

Mon fils

Je ne me lasserai jamais de te contempler,

Toi qui m'a été envoyé par le bon Dieu.

Celui-là même, qui est maître des Cieux.

Que tu dormes ou que tu sois en éveil,

Tu es un ange,

Dont on veut sans cesse faire les louanges.

Tes beaux yeux sont comme de petits œufs,

Qui voient sûrement la beauté du monde.

Et qui sondent tout autour de toi,

Augmentant ainsi ta confiance en toi,

De même que ta foi en l'existence de,

L'Amour divin en chaque être sur cette terre.

Il y a des fois

Il y a des fois lorsque tu as envie de moi,

Tu te dis sûrement : tu es ma femme,

Ma seconde source de tendresse,

Après ma chère mère.

Quand on est grand,

Les caresses maternelles de l'enfance,

Font place, aux caresses charnelles de

L'adolescence.

Puis de plus en plus autorisées,

À ces vraies caresses conjugales,

Que chaque couple gère

Dès que clignote le signal,

De l'un des deux époux.

Et pourquoi pas les deux,

Car on ne fait pas des omelettes

Sans casser des œufs.

Puis une rencontre sera possible,

À l'intérieur du temple sacré,

Et pour toujours le navire y sera ancré,

À cet endroit où se passera un acte divin.

Quelques lunes après avoir atteint,

La croissance nécessaire,

Il sortira alors tout serein,

Et cherchera un parrain,

Qui le guidera sur le chemin du bonheur sans fin.

Les premiers jours, il est certain

Qu'il donnera de la sueur à ses parents,

En se réveillant presque chaque heure,

Mais plus tard ils comprendront,

Que sans labeur, on ne peut avoir,

Du pain avec du beurre,

Et être près du bonheur.

Folle nuit

De peur d'avoir tort,

Je n'arrive pas à donner un nom à,

Cette foudre qui traversait mon corps,

Est-ce un surplus d'excitation ?

Toi, tu m'as serrée sans hésitation,

Dans tes robustes bras.

Et sans être las, tu continuas

Jusqu'à ce qu'elle me lâche.

Ta virilité me rend dingue,

Sans être pingre, tu partageas,

Maintes fois, tes étreintes,

Je t'ai fait confiance,

Jusqu'à la fin de la séance,

Où tu as montré avec prestance,

Ta légendaire puissance.

Éloge à mon époux

La jeunesse dans l'âme,

Des prouesses en flammes,

Tu organises tout autour de toi,

Pour que chaque fois.

Ceux qui sont autour de toi,

Soient comblés et sanctifiés.

Œuvre du père céleste,

Tu es très pieu.

En te regardant dans les yeux,

On remarque cette lueur,

De bonté et d'Amour que chaque jour,

Tu partages avec la terre entière sans détour.

En première classe est ta place,

Tu poses des pas avec prestance,

Sans crier gare, ni faire le pan,

Car tu sais que Dieu a pour chacun un plan.

Amour brûlant

Beau, altruiste, intelligent,

Tu es parfois vraiment rigoureux,

La perfection, tu y tends.

Plus amoureuse tu me rends.

Je sens la chaleur de notre amour brûlant

Et par la même occasion,

Je n'ai aucune envie de m'envoler,

Je souhaiterais être comme un oiseau,

Qui aurait fondé, son nid sur un iroko,

Arbre qui par ses caractéristiques,

Ne sera jamais déraciné, centenaire.

C'est pourquoi ton charisme légendaire,

Me rassure et me rend encore plus folle de toi.

Vivre avec toi,

Est-ce un privilège ou une loi

Écrite depuis la nuit des temps ?

La vie ensemble nous le montrera,

Et là on sera heureux jusqu'à 105 ans,

Promesse de mariage jusqu'à la fin des temps.

Un jeune génie

Un jeune génie, tu l'as toujours été,

Et tes œuvres l'ont chaque fois prouvé.

Quand l'inspiration inonde tes pensées,

Ton imagination est alors lancée.

L'âge ne t'enlèvera pas cette vertu de roses,

Que tu as de voir les choses,

Pas comme les autres.

Tu innoves chaque jour,

Pendant que les autres attendent,

Le retour du bonheur.

Le tien tu le crées chaque matin en te levant,

Tu illumines le cœur de ton enfant,

De ta femme et de ton entourage,

Qui continuent de prendre la vie avec courage.

Même si tes idées diffèrent,

De celles de tes semblables.

Tu es tout simplement un jeune génie,

Une réalité que personne ne nie,

Puisque tu es le sel indispensable.

Mon génie

Tu es polyvalent,

Et tout ce que tu entreprends est ascendant.

Tu es expert-comptable,

Mais il y a sur ta table,

Plus que les audits :

De l'histoire, de la peinture,

Des projets d'ingénierie,

Qui confirment à nouveau,

Que tu as des idées de génie.

Le sport est un de tes loisirs,

Tu as un grand éventail dans,

Les disciplines à choisir,

Hockey sur glace, tennis, basket-ball, football.

Tu aimes bien regarder,

Les jeux olympiques,

Avec leurs stars épiques.

RECONNAISSANCE

Grand-mère

Grand-mère, ma babouchka, sur terre russe,

Tu m'as toujours considérée comme ta puce,

À la datcha, lorsque j'étais petite,

On allait ensemble.

Moi après la maternelle,

Et toi après ton travail.

Nous prenions le bus jusqu'à la gare.

Sur la plateforme avant le départ,

Tu me racontais des histoires,

Je mordais dans la poire

En t'écoutant avec attention.

Lorsqu'apparaissait,

Le train pour notre datcha,

Qui se nommait Tchacha.

Dans le train,

J'étais appréciée par tous,

Chacun me souriait en douce.

Une petite métisse parmi des blancs russes,

On me donnait des bonbons,

Tout ce qu'il y avait de bon.

Après une heure trente de trajet,

Je rêvais du plancher de notre maison,

Tout en écoutant le son,

Que produisait la locomotive.

Et je regardais toute pensive,

Ce beau paysage défilé, un beau paysage d'été.

Solso

Nous n'avons pas le même âge,

Mais tu es déjà sage,

Et tel un ange gardien,

Tu veilles chaque jour sur les tiens.

Courageuse, tu es aussi travailleuse.

Tu as de bonnes intentions envers ton entourage.

Et lorsque tu parles des actions,

Tu fais tout pour garder l'attention,

De celui qui te suit dans cette situation,

Que tu gères avec une véritable concentration.

Ton époux et tes deux enfants,

Doivent être fiers de toi constamment.

Chacun tisse une relation amicale,

Avec toi et tu leur renvoies la balle.

Que le Seigneur te comble,

Te protège et te bénisse.

Mère

Tu es celle qui m'a présentée à la terre,

Je te fais une mer de baisers pour t'en remercier.

Tendresse et caresses,

Tu en usais les nuits.

Pour calmer mes pleurs, quand j'avais peur.

Tu es belle, intelligente, toujours patiente,

Mon ange gardien éternel,

Je t'offrirai un collier de vraies perles.

Pour voir apparaître sur ton visage,

Un large sourire qui fera sûrement rire,

Aldo, ton petit-fils,

Que tu aimes et dorlote depuis ses prémisses.

Dès qu'il saura marcher,

Et que vous irez vous promener dans un parc,

Il t'offrira des fleurs,

Et tu fondras en pleurs, ivre de joie.

Chaque fois, je vois,

Qu'un enfant est une vraie source de joie.

Je t'aime Maman, cet amour est le sentiment,

Que je ressens pour toi, je te prouverai chaque fois.

Viogbo

DIMIGOU Philibert Ayémevo,

Tu es parti trop tôt,

Le jour de l'anniversaire de ta fille chérie Paupo,

Le 17 septembre 2013 à 17h.

Tu as été une vraie icône du corps médico-sportif

Béninois et même international.

Puisque tu t'es donné corps et âme.

Tu t'es occupé des plus jeunes,

Des courses de vélo pour les enfants,

La fête de fin d'année n'était rendue,

Que plus belle.

À SOS Village d'enfants, tu as aussi été partant,

Pour des actions pour les enfants.

Pour les adultes,

L'un des premiers fitness du Bénin était ton idée,

Tu prônais toujours un esprit sain,

Dans un corps sain.

Après avoir visité,

Tous les pays du continent africain.

Tu as décidé de créer,

Le centre Médico-social du Stade de l'Amitié,

Tu as tout fait pour qu'il soit reconnu,

Et pour cette œuvre tu seras toujours admiré.

Belle-mère

Vous êtes une mère,

Autant pour votre fils,

Que pour moi,

Que Dieu vous bénisse.

Merci encore pour vos conseils,

Qui m'ont permis de m'en sortir avec merveille.

Des nuits de veille sans sommeil,

M'ont amené à la conclusion.

Qu'une mère après l'union,

De ses enfants à une place cardinale.

J'ai une chance inouïe,

D'avoir une belle-mère comme vous.

Où que nous soyons,

Je prendrai bien soin de,

Votre fils et votre petit fils,

Dynamique, altruiste, intelligente,

Vous faites la fierté de la gente féminine.

Beau-père

Vigueur et rigueur,

Sont deux qualités qui vous caractérisent,

Vous êtes tenace dans vos actes

Vous ne lâchez pas prise,

Sans avoir obtenu gain de cause.

Le père céleste a voulu que vous mettiez,

Votre vie au service de l'église céleste,

Ce que vous aviez fait,

En restant toujours modeste,

Vos fils ont les empreintes de votre éducation,

Et ils accomplissent avec attention

Et concentration ce qu'ils ont à faire.

Votre épouse, mémé Aldo du Bénin,

Vous aime beaucoup,

Vous soutient dans votre sacerdoce.

Que le Seigneur vous protège,

Vous comble,

Et vous bénisse abondamment,

Pour que tout ce que vous entreprenez,

Se passe normalement.

Arnaud

Tu es notre frère aîné,

Ressemblant énormément à notre père.

Ayant son flair pour les affaires sportives,

Tu ne prends pas de décisions hâtives.

Tu fais ton travail avec courage et sans relâche.

Tu te rends disponible pour tes patients sportifs,

Jour et nuit, ce qui les amènent à faire,

Un pas décisif de rester avec toi.

Patience, intelligence, confiance et foi,

Sont tes qualités dans tout ce que tu entreprends,

Car tu comprends,

Que la vie est un chemin muni d'obstacles,

Qu'il faut surmonter tout en évitant les tacles,

Qui surviennent de toute part.

Mais cela ne te fait pas peur.

Tu es toujours prêt pour le départ,

À une nouvelle compétition sportive,

Où tu donneras des conseils,

Et poseras les actes nécessaires,

Pour améliorer l'état de tes sportifs.

Paupo

Dynamique, joviale et altruiste sont tes qualités.

On les remarque sans ambiguïté,

Lorsque qu'on s'approche de toi.

Papa Viogbo, sera toujours pour toi un exemple.

Vous avez toujours fait une belle équipe,

C'est sûrement pour ça,

Qu'il est parti de cette terre,

Le jour de ton anniversaire.

C'est dur, mais tu tiens le coup sans te taire,

Car cela te permet de faire,

Son éloge dans tes différents travaux.

En utilisant les bons mots,

Tu adores l'eau comme lui et la mer surtout,

Qui est une vraie source d'inspiration dans tout.

Daigne le Seigneur te protéger,

Te combler et te bénir,

Puisses-tu accomplir, tes entreprises avec succès.

Papa Soli

L'été indien de Joe Dassin,
Était votre chanson préférée,
Lorsque vous étiez en Russie.
La jouer en boucle me l'a fait retenir.

Vous adorez les enfants et vous l'avez prouvé,
En vous occupant de Solange et moi.
L'entrepreneuriat et le commerce sont vos activités
préférées que vous gériez sans ambiguïté.

Macha

Ayant une voix qui porte loin,

Tu mets rapidement Les points sur les i.

Bonne cuisinière, tu l'es.

Et tu as fait l'école de cuisine,

Pour faire des premières.

Ton entourage en est fier.

Travailleuse, rigoureuse et courageuse,

Tu accomplis tout avec dévouement et amour.

Et tu n'aimes pas lorsqu'on te joue des tours,

Puisqu'en retour,

Tu peux mal apprécier,

Et éviter de communiquer.

Tata Sylvine

Belle, intelligente et courageuse,

Tu es aussi travailleuse.

L'entrepreneuriat est un de tes points forts.

Tu n'as pas eu tort de m'accueillir sous ton toit,

Pendant que je faisais ma première année.

Et c'est chez toi,

Que je me suis améliorée en cuisine,

Car tu m'as fait découvrir de nouveaux mets,

Et les astuces pour les réussir.

Tu es ma cousine préférée,

Et chaque jour,

Je prie Dieu de te bénir.

Méode

Ingénieur Génie civil, tu es.
De beaux plans tu confectionnes
Et la qualité, tu affectionnes.

Ton grand frère Dallys est un vrai sage,
Et tu souhaites vivement être à son image.
De grands projets tu ambitionnes pour ta famille,
Ta patrie et pour le monde.

Tu accomplis ta mission sur terre,
En mettant de beaux bâtiments, en terre
Qui donneront la joie,
Et le confort à ceux qui y habiteront.

Seule cette idée de bonheur,
Récompensera tes efforts.
Daigne le Seigneur t'accompagner
Et te mener à bon port.

Fado

Futur ingénieur en agriculture,

Tu as un réel amour pour la terre,

Tu adores mettre les plants en terre.

La viande depuis tout petit tu n'en manges pas.

Et tu ne le regrettes pas.

Serviable, courageux et confiant en l'avenir,

Tu sais très bien,

Que celui qui fait confiance à la terre,

Doit faire preuve d'une patience en fer.

Je prie le Seigneur de te bénir,

Et de te combler de nombreuses années,

De réalisations sur terre.

Tonton

Petit frère de papa,

Tu as toujours fait de grands pas.

Major de ta promotion en architecture,

Tu es fait ton PhD sur mesure.

En un temps record et sans remords,

Car tu savais que ton pays le Bénin,

T'attendait,

Et tu n'étais qu'au milieu du chemin.

Rigoureux, altruiste et travailleur,

Tu sais que tout s'obtient avec sueur.q

C'est pour cela tout ce que tu entreprends,

Tu le fais avec rigueur et sans aucune lenteur.

Ta famille est ton repère,

Et tu es un bon père.

Le Seigneur te protège,

Te comble et te bénisse.

Mano

Dynamique, intelligent et altruiste,

Tu es à l'image de tes frères,

Qui t'ont précédé sur terre.

Vos parents vous ont assuré une bonne éducation,

Qui mérite des milliers de félicitations.

Papa, avec une certaine rigueur,

Et maman par la douceur.

Très éveillé comparé aux jeunes de ton âge,

Tu as eu ton Certificat D'études Primaire,

Avec brio et tu as rêvé faire,

Le Collège D'enseignement Général de Godomey,

Non, loin de ta maison.

Cela prouve le grand effort que tu as fourni.

C'est dans cet établissement béni que

Ton frère Tom m'a aperçu pour la première fois,

Jouant au football avec une certaine foi.

Alors, je souhaite que tu y trouves aussi le savoir,

la compagnie sincère,

Que tu évolues en ayant tes repères,

Pour éviter les pierres.

Maman Diane

Bonne en espagnol,

Vous agissez sans trop de paroles,

Lorsque j'étais dans le besoin ,

Vous m'avez accueillie comme votre fille.

Et avec beaucoup de soin.

Des fêtes,

Nous en avons organisées au fil de mon séjour,

Et chaque jour était béni.

Avec une joie infinie.

Chinan

Tout petit tu m'appelais tata Yéyé,

Puisque tu n'arrivais pas encore,

A prononcer mon prénom Mireille.

Chaque matin, tu tapais à la porte de ma chambre.

Tu demandais à ce que je fasse sortir ma moto,

Pour que sur le chemin du boulot,

On aille acheter du bissap ou du yaourt.

Aujourd'hui de l'eau a coulé sous les ponts,

Et tu as grandi, l'enfance est très vite parti,

Faisant place à l'adolescence,

Et plus tard à la vie adulte.

Progressivement tu perdras ta candeur,

Mais le bonheur se construit chaque jour,

Et n'aies pas peur de prendre des risques,

Car comme on le dit qui ne risque rien n'a rien.

Alain

Excellent en TIC,

Tu aimes, tout ce qui a trait à l'aéronautique,

Étant au Cours Moyen première année,,

Une classe sur moi,

Je regardais avec admiration,

Comment le maître d'études et toi,

Vous faisiez la chasse,

Aux mots pour l'exercice de la rédaction.

Cela vous demandait attention et concentration.

Maman Alain

Patiente et confiante,

Tu as passé de belles années auprès de papa.

Tu as aussi beaucoup donné pour l'éducation

d'Arnaud et moi.

Tu as guidé nos pas.

Excellente cuisinière,

Tu prenais des commandes,

Pour certains mets russes.

Le Bénin, est devenu ton deuxième pays.

Malgré que tu aies gardée ta nationalité russe.

Ta retraite, tu penses la passer en douce,

Dans cette deuxième patrie.

Tanti Youlia

Experte en architecture tu es,

Des plans sur mesure tu fais,

Les voyages tu adores, même si quelques

Changements de dernières minutes, tu déplores.

Merci pour tes efforts,

Et ta contribution

A mon éducation

Pendant ma visite en Belgique,

Nous avions mangé japonais,

Et savouré de bons cocktails frais.

En France, nous nous sommes promenées

Sur les Champs Elysées,

Et avions pris de belles photos.

Fofo Fulbert

Le doigté tu l'as pour tout,

La décoration tu en es un expert,

Tu utilises des objets dans un style,

Que l'on aurait jamais imaginé.

Élégant tu l'as toujours été,

Sûrement ces qualités te sont innées.

La salsa,

Tu m'avais appris à faire quelques pas,

Ce que j'ai trouvé vraiment sympa.

Le droit, tu l'appliques,

Tu es juriste.

Tu es le cousin béni sur toute la liste.

Marina

Tu viens de naître en septembre,

Soit la bienvenue nouveau membre.

Tu complètes la longue liste des filles,

De notre extraordinaire famille,

Où nous avons plus de filles, que de garçons.

Ta chère maman Macha et ton papa Sergei,

T'aiment beaucoup,

Et chaque jour te feront de nombreux bisous.

Olga

Fille aux yeux bleus, tu adores la couleur bleue.

Tu fais de la natation,

Et tu feras sûrement une bonne nageuse.

Éveillée, intelligente et courageuse.

Tu poses des questions curieuses,

Dont les réponses te sont vraiment précieuses.

En été, tes vacances tu les passes soit en Ukraine,

Soit à la dacha où tu te promènes sur la plaine.

Le vélo, et le patinage sont tes activités préférées

Selon les saisons de l'année.

Lionel

Intelligent, curieux et dynamique, tu es
Les animaux, tu les connais
Et les chiens de pépé,
Tu les adorais.

Tu poses de nombreuses questions,
Dans tous les domaines de la vie,
Et des réponses concrètes,
Tu en as envie.

Comme la majorité des enfants de ta génération,
Vous êtes soumis au développement
technologique,
Toi,tu t'intéresses particulièrement à l'électronique.

En étant sage et bon grand frère pour Lauren,
Le Seigneur augmentera ta foi,
Et à tes parents tu apporteras la joie.

Diane

D'intelligence, de patience et de confiance,

Tu fais preuve.

Ce sont des qualités suffisantes,

Devant toute épreuve.

Accompagnées de la prière,

Elles te permettront de briser toute pierre.

Tes parents, tu écouteras

Et plus de conseils, tu recevras.

Car ils ont vécu avant toi

Et tu es encore sous leur toit.

Ton frère Chinan, prends en bien soin,

Il t'aidera plus tard lorsque tu seras dans le besoin.

Que le Seigneur te garde ma chère,

Et dans tes études soit première.

Lauren

Fille de Landry et Solange,

Tu aimes faire des louanges.

Ayant une excellente mémoire,

Tu nous retrouves presque toujours,

Ce que nous avions oublié dans l'armoire.

Dynamique, courageuse et éveillée,

Tu adores bien les beignets.

Ton frère est ton chevalier,

Avec qui tu aimes courir dans les escaliers.

La musique, tu aimes écouter,

Puis, tu t'en dors.

Tu n'as pas tort car c'est l'âge,

Où on n'a pas à se préoccuper du sort.

Daigne le Seigneur te protéger,

Et tu seras chaque jour encouragée,

Pour accomplir de belles choses,

Et pourquoi pas faire des proses.

Landry

Passionné de voitures,

Tu n'as jamais caché ce péché mignon.

La mécanique, tu la maîtrises,

Ce qui te permet de t'en sortir lorsque,

Tu es dans une situation de crise.

Financier de profession,

Tu donnes le meilleur de toi,

Dans l'entreprise où tu interviens,

Et des problèmes, à l'avance, tu préviens.

Solso, Lionel et Lauren sont tes trésors,

Ils t'aiment beaucoup et t'adorent.

PENSEES

Mal au fond de moi

Je me sens mal dans ma peau

Je ne saurais expliquer

La cause de ces maux,

Mais je sais qu'en usant de mots

Je trouverai un remède à ces maux

La prière aussi est une porte de sortie,

De cette situation,

Dieu en écoutant mes supplications

Sûrement me soulagera.

Et je serai à nouveau heureuse

De vivre ma vie dans le bonheur

L'été à New-York

A New-York, belle journée d'août,
Une seule envie, mettre des bagages en soute,
Pour atterrir à des milliers de miles,
Sur une belle île.

Oui, il fait beau,
Mais il fait vraiment chaud,
Comme le disait un de mes professeurs
De mathématiques:

Le soleil est haut,
Le ciel est bleu
Et la chaleur est accablante.

Chacun cherche une planque
Ou se réfugier sous une tente
Deviens un rêve en pleine journée,
Chez la majorité de ceux qui font quelques foulées.

La gorge est sèche,

Les papilles gustatives cherchent,

Quelques gouttes d'eau,

Après avoir sorti quelques mots.

Ou plutôt une sucette,

On met alors les lunettes,

Et on profite de l'été,

Ce que l'on avait vraiment souhaité.

La marche dans la forêt

À notre descente du train, nos sacs bien pleins,

À notre station de la datcha,

Qu'on appelle Tchacha,

Ma babouchka Galina, et moi,

Nous prenons le chemin de la forêt de pins.

On était en juin, mois,

Pendant lequel les nuits sont blanches,

Dit-on à Saint-Pétersbourg.

Il fait un peu frais,

Mais nous avançons vers,

Notre maison en bois,

Qui est à 30 minutes de la voie.

On passe par des sentiers,

Pour aboutir aux pieds des arbres,

De toutes sortes,

Des "bereza" comme on le dit en russe,

Des sapins sans oublier les pins,

Cette forêt est riche en baies,

Qui sont très prisées,

Par les Russes, qui y sont initiés dès le bas âge.

Elles sont ramassées par les personnes de tout âge.

Elles serviront dans de nombreuses recettes,

Qui permettront de vivre,

Pendant les longs mois d'hiver,

Et même, pendant les fêtes.

En automne ce seront les champignons,

Non vénéneux dont regorgent cette belle forêt,

Seront cueillis tout frais,

Soit pour être conservés,

Soit pour être utilisés,

Dans divers mets.

De même de nombreux animaux,

Avec de vrais crocs,

Ont leur asile dans cette forêt,

Des reptiles, des ours, des renards,

Et des milliers d'oiseaux venant de toute part.

Nous approchons enfin de notre maison,

Après avoir fredonné des chansons,

En avançant à pas cadencés.

Espérons que cette forêt soit préservée

Et non remplacée par des biens immobiliers.

Les pieds dans le bol de lait

Toute petite à Léningrad,
Cette belle ville qui m'a vue naître,
Dans les années 90, il avait une petite famine.
Acheter du lait coûtait une petite fortune.

Un matin à la Datcha Tchacha,
De ma babouchka Galina,
On prenait le petit déjeuner en été,
J'avais 5ans et là j'ai reçu ma première fessée.

Que s'est-il vraiment passé?
On était assisse à table,
Babouchka m'avait servi un peu de lait,
Dans un plat en porcelaine russe,

On discutait,
J'étais tellement contente,
Je me balançais sur ma chaise,
Avec une certaine aise.

J'ai soulevé mes deux pieds,

Que j'ai mis dans le bol de lait,

Et oui,

La patience de babouchka a brisé les chaînes.

Et là toute furieuse, elle m'a fessée sans haine.

Aujourd'hui, en rétrospective,

Je pense que ça va valait vraiment la peine,

Puisque c'était le dernier lait qu'on avait,

Et le geste que j'avais posé était inconcevable.

Lorsque qu'on est à table.

Une journée à la datcha

Très tôt vers six heures du matin,

Lorsque la nuit emportait avec elle,

Sa toile de satin,

Je me levais de mon lit douillet.

J'allais me débarbouiller.

Pendant ce temps, ma babouchka dormait encore.

Après avoir pris à grignoter,

Je me glissais dehors.

J'ouvrais doucement la porte,

Et j'humais la forte odeur de la rosée,

Ce liquide divin posé sur la flore.

Je prenais mon vélo et je partais me promener.

J'allais chez des amis,

Qui construisaient une maison.

Je prenais alors le pot de peinture,

Et je jouais avec les pinceaux.

Quel âge avais-je en ce temps-là,

Cinq ou six ans environ.

Le pouvoir de la langue

Réfléchir avant de parler,

Est indispensable.

Surtout dans un couple,

Les deux conjoints ayant des idées fixes.

Que l'un ou l'autre ait raison,

La femme peut toutefois céder,

Pour sauver la maison.

En élevant la voix sur son mari,

Elle ne sera pas digne de Marie,

Qui était soumise à Joseph.

Nous,

Femmes devons prendre exemple sur elle.

Et surtout devant les enfants,

Qui manqueront de respect à leur père,

Parce que leur mère n'a pas voulu se taire.

C'est extrêmement difficile parfois de se contenir,

Mais chères sœurs, pensons à l'avenir.

Qu'on soit de mauvaise humeur,

Ou dans le malheur,

Prions et contrôlons nous,

Car c'est sur nous que repose le bonheur du couple,

Nous représentons cette lueur d'espoir,

Pour notre époux et nos enfants.

Les paroles que nous prononçons,

Sont signes de notre éducation

Et peuvent se réaliser.

Alors, soyons patientes devant les situations,

Qui nous mettent hors de nous,

Et évitons qu'elles nous mettent à genoux.

La femme

Impatiente voire puissante,

La femme de la trentaine est une battante,

Et fait tout pour ne pas rester à la traîne.

Si elle est mariée

Et a des enfants,

 Elle s'occupe de son mari.

Des fruits de ses entrailles et de son travail.

Elle doit être partout

Et surtout ne rien laisser passer.

Se garder toujours belle, faire la vaisselle,

Préparer de bons mets, faire la lessive,

Le nettoyage de la maison, s'occuper des enfants,

De son époux, repasser les vêtements,

Coudre, moudre et que sais-je encore...

Depuis sa conception par Dieu,

Elle a été faite pour ces tâches,

Qu'elle accomplit avec courage et sans relâche.

En fonction de son éducation,

Ses actions diffèrent,

Et qu'elle le veuille ou pas,

Elle ne peut que s'y plaire.

L'émancipation de la gente féminine passe par là,

Et même si le mari et les enfants l'aident aussi,

Elle est le chef d'orchestre de toutes ces tâches.

A propos de l'auteur

Mireille Dimigou Medali est kinésithérapeute de profession mais elle a aussi un Master en histoire contemporaine. Elle est l'un des membres fondateurs du think thank Bénin du futur et membre de la JCI de Saint Pétersbourg. Elle a écrit dans de nombreux magazines:''Azaro Mag'', ''FSS L'étudiant''. Son premier livre Reconnaissance lui a été inspiré par sa vie conjugale, la naissance de son premier enfant et son séjour récent au Bénin. Elle a décidé d'y partager en poèmes son admiration pour son cher époux, son fils (Mes anges gardiens) et sa reconnaissance à tous les membres de sa famille qui ont eu un impact dans sa vie et quelques pensées sur de nombreux sujets intéressants. Je vous invite à lire et relire, ce recueil qui est un miroir de l'âme de la jeune auteure.

www.ingramcontent.com/pod-product-compliance
Lightning Source LLC
Chambersburg PA
CBHW021348090426
42742CB00008B/780